Cucina rapida

per friggitrice

ad aria

50 ricette per la tua friggitrice ad

aria per risparmiare tempo

Di

Alice Ramos

Questo documento ha lo scopo di fornire informazioni esatte e affidabili riguardo all'argomento e alla questione trattata. La pubblicazione viene venduta con l'idea che l'editore non è tenuto a fornire servizi contabili, ufficialmente autorizzati o altrimenti qualificati. Se è necessaria una consulenza, legale o professionale, deve essere ordinata una persona esperta nella professione.

Da una Dichiarazione di principi che è stata accettata e approvata allo stesso modo da un comitato dell'American Bar Association e da un comitato di editori e associazioni.

Le informazioni fornite nel presente documento sono veritiere e coerenti, in quanto qualsiasi responsabilità, in termini di disattenzione o altro, per qualsiasi utilizzo o abuso di politiche, processi o indicazioni contenute all'interno è responsabilità sola e assoluta del lettore destinatario. In nessuna circostanza sarà attribuita alcuna responsabilità legale o biasimo nei confronti dell'editore per eventuali riparazioni, danni o perdite monetarie dovute alle informazioni qui contenute, direttamente o indirettamente.

I rispettivi autori possiedono tutti i diritti d'autore non detenuti dall'editore.

Le informazioni qui contenute sono offerte esclusivamente a scopo informativo e sono universali in quanto tali. La presentazione delle informazioni avviene senza contratto né alcun tipo di garanzia.

I marchi utilizzati sono senza alcun consenso e la pubblicazione del marchio è senza autorizzazione o supporto da parte del proprietario del marchio. Tutti i marchi registrati all'interno di questo *libro sono solo a scopo di chiarimento e sono di proprietà dei proprietari stessi, non affiliati a questo documento.*

Indice

Introduzione

La frittura è una tecnica tradizionale associata alla cucina popolare, molto presente nella dieta mediterranea, anche se oggi è stata un po' abbandonata a causa della sua cattiva reputazione. È vero che, se mal eseguito, non è esattamente il metodo di cottura più salutare; è difficile resistere al fritto dorato e croccante. Un'alternativa più sana e conveniente sono le friggitrici ad aria.

Questi elettrodomestici promettono risultati praticamente identici alla frittura tradizionale, ma con un minimo di grassi e senza tutti i fastidi.

In precedenza, c'erano altri dispositivi che affermavano di friggere senza grassi, ad esempio con l'acqua, specialmente nel mercato statunitense, molto focalizzato sul mondo del telemarketing. I risultati lasciavano molto a desiderare, ma le possibilità di business erano chiare; c'era un mercato potenziale succoso.

Se diventiamo meticolosi, il nome è una sciocchezza, perché per friggere il cibo bisogna immergerlo in abbondante olio o grasso bollente. Ma l'obiettivo di queste macchine è proprio quello di ottenere gli stessi risultati della frittura, riducendo il più possibile il grasso necessario. Per far capire al consumatore che si tratta di un'alternativa alla friggitrice tradizionale, doveva essere presentata come un sottoprodotto di essa.

Il sistema operativo in realtà è molto semplice: funziona quasi come un forno da tavolo. Queste "friggitrici" sottopongono i cibi ad aria molto calda in costante circolazione, grazie ad una fonte di calore elettrica e all'azione di un ventilatore. L'originale modello di friggitrice ad aria riscalda il cibo dall'alto, con un sistema di ventilazione che agisce dall'alto.

Capitolo 1. Ricette per la colazione

1. Sformato di cavolo

Tempo di preparazione: 35 min | Dosi per: 4 persone | Difficoltà: facile

Ingredienti:

- 6 uova grandi

- 60 gr di panna da montare

- 90 gr di cavolo tritato

- 230 gr di cheddar a listerelle

- 1 avocado medio, sbucciato e snocciolato

- 8 cucchiai di panna acida

- 2 cipolline, affettato in sbieco

- 12 fettine di pancetta, cotta e sbriciolata

Procedimento:

1. Sbattete le uova e la panna in una ciotola media. Versate il tutto in una pirofila.

2. Aggiungete il cavolfiore e il cheddar. Mettete la pirofila nel vassoio della friggitrice.

3. Impostate la temperatura a 160°C e il timer a 20 minuti.

4. Quando sono completamente cotte, le uova sono sode e il formaggio è dorato. Tagliate in 4 pezzi.

5. Tagliate l'avocado a cubetti. Coprite ogni porzione con 2 cucchiai di panna acida, cipollina affettato e pancetta sbriciolata.

Buon appetito!

Valori nutrizionali: Kcal: 512, Proteine: 27.1g, Fibre: 3.2g, Carboidrati netti: 4.3g, Grassi: 38.3g, Sodio: 865 mg, Carboidrati: 7.5g, Zuccheri: 2.3 g.

2. Rotoli alla cannella

Tempo di preparazione: 18 min | Dosi per: 4 persone | Difficoltà: facile

Ingredienti:

- 110 gr di mozzarella, a listarelle

- 30 gr di crema di formaggio

- 30 gr di farina di mandorle finemente macinata

- 1/2 cucchiaino di bicarbonato di sodio

- 100 gr di eritritolo

- 1 cucchiaino di estratto di vaniglia

- 1 uovo grande

- 30 gr di burro fuso

- 1/2 cucchiaino di cannella in polvere

- 3 cucchiai di eritritolo

- 2 cucchiaini di latte di mandorle alla vaniglia non zuccherato

Procedimento:

1. Mettete la mozzarella in una ciotola grande adatta al microonde, aggiungete la crema di formaggio e cuocete per 45 secondi.

2. Incorporate la farina di mandorle, il bicarbonato di sodio, i 100 gr di eritritolo e la vaniglia. Dovrebbe formarsi un impasto morbido. Mettete la miscela nel microonde per altri 15 secondi se diventa troppo dura.

3. Mescolate l'uovo nell'impasto, usando le mani se necessario.

4. Tagliate un pezzo di carta da forno per adattarlo al cestello della friggitrice. Stendete l'impasto in un rettangolo di 20×10 cm sulla carta e tagliatelo in otto bastoncini da 3 cm.

5. In una piccola ciotola, mescolate il burro, la cannella e l'eritritolo rimanente. Spennellate

metà della miscela sopra i bastoncini e posizionateli nel cestello della friggitrice.

6. Impostate la temperatura a 200°F e il timer a 7 minuti.

7. A metà cottura, girate i bastoncini e spennellateli con il composto di burro rimanente. Al termine, i bastoncini dovrebbero essere croccanti.

8. Per fare la glassa, sbattete l'eritritolo in polvere e il latte di mandorle in una piccola ciotola. Cospargete i bastoncini di cannella. Servite caldo.

Buon appetito!

Valori nutrizionali: Kcal: 233, Proteine: 10.3g, Fibre: 1.2g, Carboidrati netti: 2.2g, Grassi: 19.0g, Sodio: 378 mg, Carboidrati: 40.2g, Zuccheri: 1.0g.

3. Calzone

Tempo di preparazione: 30 min | Dosi per: 4 persone | Difficoltà: media

Ingredienti:

- 170 gr di mozzarella a listarelle

- 50 gr di farina di mandorle

- 30 gr di crema di formaggio

- 1 uovo grande

- 4 uova strapazzate

- 230 gr di salsiccia, sbriciolata

- 8 cucchiai di cheddar

Procedimento:

1. In una grande ciotola adatta al microonde, aggiungete la mozzarella, la farina di mandorle e la crema di formaggio, mettete in microonde per 1 minuto. Mescolate fino ad ottenere un

composto omogeneo e formare una palla. Aggiungete l'uovo e mescolate fino a formare un impasto.

2. Posizionate l'impasto tra due fogli di carta da forno e stendetelo allo spessore di 50 cm. Tagliate l'impasto in quattro rettangoli.

3. Mescolate le uova strapazzate e la salsiccia cotta in una grande ciotola. Dividete il composto uniformemente per ogni pezzo di impasto, posizionandolo sulla metà inferiore del rettangolo. Cospargete ciascuno con 2 cucchiai di formaggio cheddar.

4. Ripiegate il rettangolo per coprire il composto di uova e carne. Pizzicate, arrotolate o usate una forchetta bagnata per chiudere completamente i bordi.

5. Tagliate un pezzo di carta da forno per adattarlo al cestello della friggitrice e posizionate i calzoni su di essa. Mettete il tutto in friggitrice.

6. Impostate la temperature a 190°C e il timer a 15 minuti.

7. Girate i calzoni a metà cottura. Al termine, i calzoni dovrebbero essere di colore dorato. Servite subito.

Buon appetito!

Valori nutrizionali: Kcal: 560, Proteine: 34.5g, Fibre: 1.5g, Carboidrati netti: 4.2g, Grassi: 41.7g, Sodio: 930 mg, Carboidrati: 5.7g, Zuccheri: 2.1g.

4. Toast con cavolo e avocado

Tempo di preparazione: 23 min | Dosi per: 2 persone | Difficoltà: facile

Ingredienti:

- 340 gr di cavolo in busta

- 1 uovo grande

- 50 gr di mozzarella a listarelle

- 1 avocado medio

- 1/2 cucchiaino di aglio in polvere

- Una punta di pepe in polvere

Procedimento:

1. Sbattete le uova in una ciotola media. Versate in una pirofila rotonda.

2. Aggiungete il cavolfiore e il cheddar. Mettete il tutto nel vassoio della friggitrice.

3. Impostate la temperatura a 160°C e il timer a 20 minuti.

4. Quando sono completamente cotte, le uova sono solide e il formaggio è dorato. Tagliate in 4 pezzi.

5. Tagliate l'avocado a cubetti e suddividetelo uniformemente in pezzi.

Buon appetito!

Valori nutrizionali: Kcal: 278, Proteine: 14.1g, Fibre: 8.2g, Carboidrati netti: 7.7g, Grassi: 15.6g, Sodio: 267 mg, Carboidrati: 15.9g, Zuccheri: 3.9g.

5. Polpette di salsiccia e formaggio

Tempo di preparazione: 22 min | Dosi per: 4 persone | Difficoltà: facile

Ingredienti:

- 450 gr di salsiccia macinata

- 115 gr di cheddar

- 30 gr di crema al formaggio

- 1 uovo grande

Procedimento:

1. Mettete in una ciotola tutti gli ingredienti e impastate fino ad ottenere un composto omogeneo.

2. Preriscaldate la friggitrice a 200°C. Arrotolate le polpette tra le mani finché non sono piccole come una pallina da golf. Mettete le polpette nel cestello di cottura e impostate il timer da 6 a 8 minuti.

Valori nutrizionali: Kcal: 424, Proteine: 22.8g, Fibre: 0.0g, Carboidrati netti: 1.6g, Grassi: 32.2g, Sodio: 973 mg, Carboidrati: 1.6g, Zuccheri: 1.4g.

Capitolo 2. Contorni, snack

e antipasti

6. Patatine fritte di pollo al formaggio

Tempo di preparazione: 25 min | Dosi per: 2 persone | Difficoltà: facile

Ingredienti:

- 450 gr di pollo, tagliato a bocconcini

Ingredienti per la marinata:

- 1 cucchiaio di olio d'oliva

- 1 cucchiaino di erbe miste

- ½ cucchiaino di fiocchi di peperoncino

- Un pizzico di sale

- 1 cucchiaio di succo di limone

Per la guarnizione:

- 230 gr di cheddar, fuso

Procedimento:

1. Prendete tutti gli ingredienti per la marinata e mescolate bene. Passate i bastoncini di pollo nella marinata, poi scolateli.

2. Preriscaldate la friggitrice per 5 minuti a 150°C. Mettete i bastoncini di pollo nel cestello.

3. Tenete la friggitrice per 20-25 minuti a 100°C. Girate le "patatine" due o tre volte durante la cottura in modo che siano cotte correttamente.

4. Cospargete le foglie di coriandolo tagliate sulle patatine durante il processo di cottura (gli ultimi 2 minuti circa). Mettete il formaggio cheddar sulle patatine e servite.

Valori nutrizionali: Kcal: 225.

7. Pizza al pollo

Tempo di preparazione: 45 min | Dosi per: 2 persone | Difficoltà: media

Ingredienti:

- 1 base per pizza

- Formaggio grattugiato (preferibilmente mozzarella) per guarnire

- Un po' di salsa per farcire la pizza

- Olio spray

<u>Ingredienti per la farcitura:</u>

- 2 cipolle tritate

- 230 gr di pollo (tagliato in pezzi piccoli)

- 2 peperoni tritati

- 2 pomodori tagliati finemente

- 1 cucchiaio di funghi/mais (facoltativo)

- 2 cucchiaini di condimento per la pizza

- Un po' di formaggio in fiocchi (facoltativo)

Procedimento:

1. Mettete la base per pizza per circa 5 minuti nella friggitrice preriscaldata a 170°C. Mettete un po' di salsa per pizza al centro e sul bordo.

2. Versate la salsa intorno alla base usando un cucchiaio per assicurarvi di coprire tutta la circonferenza. Grattugiate della mozzarella e spargetela sulla salsa.

3. Prendete tutte le verdure e il pollo sopra menzionati negli ingredienti e mescolateli in una ciotola. Aggiungete un po' d'olio e condite a piacere. Aggiungete anche un po' di sale e pepe a piacere.

4. Posizionate questo condimento sulla pizza sopra il formaggio. Ora spennellate questo strato con altro formaggio grattugiato e condimento per pizza. Preriscaldate la friggitrice per circa 5 minuti, a 120°C.

5. Mettete la pizza nel cestello. Tenete la friggitrice per altri 10 minuti, a 80°C.

Valori nutrizionali: Kcal: 445.

8. Bastoncini di pollo

Tempo di preparazione: 25 min | Dosi per: 2 persone | Difficoltà: facile

Ingredienti:

- 450 gr di petto di pollo, tagliato a bastoncini

- 240 gr di pangrattato

- 2 cucchiaini di origano

- 2 cucchiaini di fiocchi di peperoncino

<u>Marinata:</u>

- 1 cucchiaio e ½ di concentrato di aglio e zenzero

- 4 cucchiai di succo di limone

- 2 cucchiaini di sale

- 1 cucchiaino di pepe in polvere

- 1 cucchiaino di peperoncino in polvere

- 6 cucchiai di farina di mais

- 4 uova

Procedimento:

1. Mescolate tutti gli ingredienti della marinata, immergete i bastoncini di pollo e lasciate riposare per una notte. Mescolate bene il pangrattato, l'origano e i fiocchi di peperoncino rosso, poi mettete sul composto i bocconcini marinati.

2. Copriteli con della pellicola trasparente e conservateli prima di cucinarli. Preriscaldate la friggitrice per 5 minuti a 70°C.

3. Mettete i bastoncini nel cestello. Lasciate cuocere per altri 15 minuti alla stessa temperatura.

Valori nutrizionali: Kcal: 235.

9. Crocchette di pollo

Tempo di preparazione: 25 min | Dosi per: 2 persone | Difficoltà: facile

Ingredienti:

- 900 gr di pollo disossato tagliato in pezzi da 4 cm

Prima marinata:

- 3 cucchiai di aceto o succo di limone

- 2 o 3 cucchiaini di paprika

- 1 cucchiaino di pepe

- 1 cucchiaino di sale

- 3 cucchiaini di concentrato di aglio e zenzero

Seconda marinata:

- 245 gr di yogurt

- 4 cucchiaini di tandoori masala (spezie)

- 2 cucchiai di foglie secche di fieno greco

- 1 cucchiaino di sale nero

- 1 cucchiaino di chat masala (spezie)

- 1 cucchiaino di garam masala in polvere

- 1 cucchiaino di peperoncino in polvere

- 1 cucchiaino di sale

- 3 gocce di colorante rosso

Procedimento:

1. Create la prima marinata e lasciate riposare quattro ore il pollo marinato. In questo processo, preparate la seconda marinata e poi lasciate riposare il pollo durante la notte per consentire ai sapori di amalgamarsi.

2. Preriscaldate la friggitrice per 5 minuti a 70°C. Mettete il pollo nel cestello. Lasciate cuocere per altri 15 minuti. Girate le crocchette per una cottura uniforme. Servite.

Valori nutrizionali: Kcal: 220.

10. Vitello piccante

Tempo di preparazione: 25 min | Dosi per: 2 persone | Difficoltà: facile

Ingredienti:

- 450 gr di vitello, tagliato a bocconcini

- 2 cucchiaini e ½ di concentrato di aglio e zenzero

- 1 cucchiaino di salsa piccante

- Un pizzico di sale

- Un pizzico di peperoncino e pepe in polvere

- Alcune gocce di colorante alimentare arancione

Per la salsa:

- 2 cucchiai di olio d'oliva

- 1 cucchiaino e ½ di concentrato di aglio e zenzero

- ½ cucchiaio di salsa piccante

- 2 cucchiai di salsa di pomodoro

- 2 cucchiaini di salsa di soia

- 1-2 cucchiai di miele

- Una punta di ajinomoto

- 1-2 cucchiaini di fiocchi di peperoncino

Procedimento:

1. Mescolate tutti gli ingredienti della salsa, immergete i bocconcini e lasciate riposare per una notte.

2. Mescolate bene il sale, pepe e I fiocchi di peperoncino, poi mettete la carne marinata in questo composto.

3. Ricoprite con della pellicola e conservate fino al momento della cottura. Preriscaldate la friggitrice per 5 minuti at 70°C.

4. Mettete i bocconcini nel cestello. Lasciate cuocere per altri 15 minuti. Girateli durante la cottura.

Buon appetito!

Valori nutrizionali: Kcal: 186.

11. Kebab di maiale

Tempo di preparazione: 30 min | Dosi per: 2 persone | Difficoltà: facile

Ingredienti:

- 450 gr di carne di maiale disossata a cubetti

- 3 cipolle tritate

- 5 peperoncini verdi tritati grossolanamente

- 1 cucchiaio e ½ di concentrato di zenzero

- 1 cucchiaino e ½ di concentrato di aglio

- 1 cucchiaino e ½ di sale

- 3 cucchiaini di succo di limone

- 2 cucchiaini di garam masala

- 4 cucchiai di coriandolo tritato

- 3 cucchiai di panna

- 2 cucchiai di coriandolo in polvere

- 4 cucchiai di menta tritata

- 3 uova

- 2 cucchiai e ½ di semi di sesamo bianchi

Procedimento:

1. In una ciotola, mescolate gli ingredienti "secchi". Trasformate il composto in una pasta densa e coprite con il composto i cubetti di maiale.

2. Mettete le uova in una ciotola, poi aggiungete il sale. Immergete i cubetti nel composto delle uova, cospargeteli di semi di sesamo e lasciateli in frigo per un'ora.

3. Preriscaldate la friggitrice a 140°C per circa 5 minuti. Mettete il kebab nel cestello e cuocete per altri 25 minuti. Per una cottura uniforme, girate durante il procedimento. Servite con della menta.

Valori nutrizionali: Kcal: 267.

12. Polpette di vitello

Tempo di preparazione: 30 min | Dosi per: 2 persone | Difficoltà: facile

Ingredienti:

- 230 gr di vitello tritato

- 60 gr di pangrattato

- Un pizzico di sale

- Una punta di zenzero finemente tritato

- 1 peperoncino verde finemente tritato

- 1 cucchiaino di succo di limone

- 1 cucchiaio di coriandolo fresco, tagliato finemente

- Una punta di peperoncino in polvere

- 65 gr di piselli bolliti

- Una punta di cumino in polvere

- Una punta di mango essiccato in polvere

Procedimento:

1. Prendete una pentola e aggiungete tutte le spezie, le cipolle, i peperoncini verdi, i piselli, le foglie di coriandolo, il succo di limone, lo zenzero e 1-2 cucchiai. Pangrattato, briciole. E aggiungete la carne di vitello tritata.

2. Mischiate tutti gli ingredienti. Formate delle piccolo polpette.

3. Preriscaldate la friggitrice per 5 minuti, at 120°C. Mettete le polpette nel cestello. Cuocete per altri 10-12 minuti, a 70°C.

4. Girate le polpette durante la cottura. Servite con della salsa chutney dolce e basilico.

Valori nutrizionali: Kcal: 187.

13. Club sandwich di vitello

Tempo di preparazione: 30 min | Dosi per: 2 persone | Difficoltà: media

Ingredienti:

- 2 fette di pane bianco

- 15 gr di burro morbido

- 230 gr di vitello a cubetti

- 1 peperone piccolo

Per la salsa barbeque:

- ½ cucchiaio di salsa Worcestershire

- ½ cucchiaino di olio d'oliva

- ½ spicchio d'aglio schiacciato

- 13 gr di cipolla tritata

- Una punta di senape in polvere

- ½ cucchiaio di zucchero

- ½ cucchiaino di salsa piccante

- 120 ml di acqua

Procedimento:

1. Prendete le fette di pane e tagliate i bordi. Tagliate ancora orizzontalmente. Riscaldate gli ingredienti della salsa e attendete che si addensi. Ora aggiungete la carne di vitello alla salsa e frustate fino a fare amalgamare il tutto.

2. Tagliate il peperone a listarelle. Mescolate gli ingredienti e aggiungeteli alle fette di pane.

3. Preriscaldate la friggitrice a 150°C per 5 minuti. Mettete i sandwich nel cestello, assicurandovi che non si tocchino tra loro.

4. Adesso cuocete per altri 15 minuti a 120°C. Cuocete da entrambi i lati. Servite con della salsa chutney.

Valori nutrizionali: Kcal: 315.

14. Agnello tikka

Tempo di preparazione: 25 min | Dosi per: 2 persone | Difficoltà: facile

Ingredienti:

- 500 gr di agnello a fette

- 1 peperone grande, a cubetti grandi

- 1 cipolla tagliata in 4

- 5 cucchiai di farina di ceci

- Un pizzico di sale

Per il ripieno:

- 30 gr di coriandolo verde fresco

- 15 gr di foglie di menta

- 4 cucchiaini di finocchio

- 2 cucchiai di concentrato di aglio e zenzero

- 1 cipolla piccola

- Sale q. b

- 3 cucchiai di succo di limone

Procedimento:

1. Preparate prima il chutney. Mettete tutti gli ingredienti in un mixer e formate una pasta densa. Mettete i pezzetti di agnello in metà della pasta. Prendete la pasta rimasta e aggiungetela al sale e alla farina di ceci.

2. Mettete i pezzetti di agnello in questa miscela e mettete da parte. Aggiungete peperone e cipolla. Metteteli insieme ai pezzetti di agnello su un bastoncino.

3. A 140°C, preriscaldate la friggitrice per circa 5 minuti. Mettete i bastoncini nel cestello. Cuocete a 80°C per un'ora e mezza. Girate i bastoncini durante la cottura. Buon appetito!

Valori nutrizionali: Kcal: 256.

15. Maiale al formaggio e peperoncino

Tempo di preparazione: 35 min | Dosi per: 2 persone | Difficoltà: media

Ingredienti:

Per i bocconcini di maiale:

- 450 gr di maiale, tagliato in strisce sottili

- 2 cucchiaini e ½ di concentrato di aglio e zenzero

- 1 cucchiaino di salsa piccante

- Un pizzico di sale

- Una punta di peperoncino e pepe in polvere

- Alcune gocce di colorante alimentare arancione

Per la salsa:

- 2 cucchiai di olio d'oliva

- 1 cucchiaino e ½ di concentrato di zenzero

- ½ cucchiaio di salsa piccante

- 2 cucchiai di salsa al pomodoro

- 2 cucchiaini di salsa di soia

- 1-2 cucchiai di miele

- Una punta di ajinomoto

- 1-2 cucchiaini di fiocchi di peperoncino

Procedimento:

1. Mescolate tutti gli ingredienti della marinata, aggiungete la carne di maiale e lasciate riposare per una notte.

2. Mischiate bene le spezie rimanenti e aggiungete la carne marinata al composto.

3. Coprite con della pellicola trasparente e conservate fino al momento della cottura. Preriscaldate la friggitrice per 5 minuti a 70°C.

4. Mettete la carne nel cestello. Lasciate cuocere per altri 15 minuti. Girate durante la cottura.

Valori nutrizionali: Kcal: 245.

16. Anelli di cipolla

Tempo di preprazione: 12 min | Dosi per: 2 persone | Difficoltà: facile

Ingredienti:

- 3 cipolle

- 1 cucchiaio di farina

- 2 uova

- 2 cucchiai di pangrattato

- Sale e pepe q. b

- 4 fette di formaggio (per i sandwich)

- Olio per friggere (300-400 ml)

Procedimento:

1. Sbucciate la cipolla e tagliatela ad anelli spessi 5-7 mm.

2. Togliete la pellicola, così non diventano amari.

3. Tagliate il formaggio in fette spesse 5–7 mm.

4. Posizionate il formaggio qui tra due anelli (tra di loro) e collegate gli anelli.

5. Li infarinate e poi li passate nell'uovo e nel pangrattato.

6. Friggete per 2-3 minuti in olio bollente, da entrambi i lati.

Valori nutrizionali: Kcal: 233, Grassi: 1g, Proteine: 2g.

17. Chebureki in pastella

Tempo di preparazione: 15 min | Dosi per: 3 persone | Difficoltà: facile

Ingredienti:

- 450 gr di farina

- 350 ml di acqua

- Sale q. b

<u>Ripieno:</u>

- 500 gr di ripieno (carne a piacere)

- 1 cipolla grande

- Sale e pepe q. b

- Olio di semi di girasole

Procedimento:

1. Fate bollire l'acqua in una pentola, versate 150 gr di farina, mescolate per circa un minuto, a

fuoco lento. Lasciate raffreddare. Aggiungete il resto della farina, poi impastate.

2. Tritate finemente la cipolla, mischiatela con la carne affettata e aggiustate di sale e pepe. Potete aggiungere un paio di cucchiai di acqua fredda per la succosità.

3. Formate i chebureki, friggete a fiamma moderata.

Valori nutrizionali: Kcal: 190, Grassi: 1g, Proteine: 2g.

18. Cotolette di patate

Tempo di preparazione: 18 min | Dosi per: 2 persone | Difficoltà: facile

Ingredienti:

- 2 patate

- 20 gr di formaggio stagionato

- 5 g di verdura

- 3 cucchiaini di pepe

- 30 gr di pangrattato

- 2 uova

- 4 cucchiai di olio vegetale

Procedimento:

1. Bollite le patate.

2. Salate e pepate prima di preparare il purè di patate doppio. Mescolate la purea ma assicuratevi che non sia troppo liquida.

3. Grattugiate il formaggio, se volete, tagliate del prosciutto, affettiamo finemente le verdure.

4. Mettete il tutto nel pure e mischiate.

5. Formate delle crocchette, intingetele nell'uovo e passatele nel pangrattato.

6. Mettete in friggitrice e cuocete fino a doratura.

Valori nutrizionali: Kcal: 200, Grassi: 1g, Proteine: 2g.

19. Corn dog americano

Tempo di preparazione: 18 min | Dosi per: 3 persone | Difficoltà: facile

Ingredienti:

- 140 gr di farina di mais/polenta

- 140 gr di farina di frumento

- 240 ml di latte

- 3 gr di lievito in polvere

- 12 würstel al formaggio

- Sale q. b

- 24 stuzzicadenti grandi

- 1 uovo

- Olio vegetale

Procedimento:

1. Mescolate l'uovo nel latte per la pastella. La consistenza dell'impasto deve essere una specie di frittella.

2. Lasciate riposare l'impasto per 15 minuti.

3. Spezzate i würstel a metà.

4. Passateli nella farina per dargli consistenza.

5. Scuotete la farina in eccesso.

6. Mettete il tutto in friggitrice e cuocete per circa 3-4 minuti, finché non si forma la crosta.

7. Servite con ketchup, senape o maionese.

Valori nutrizionali: Kcal: 178, Grassi: 2g, Proteine: 3g.

Capitolo 3. Ricette vegetariane

20. Galette ai funghi

Tempo di preparazione: 25 min | Dosi per: 2 persone | Difficoltà: facile

Ingredienti:

- 2 cucchiai di garam masala

- 250 gr di funghi

- 225 gr di arachidi tritate grossolanamente

- 3 cucchiaini di zenzero tritato

- 1-2 cucchiai di coriandolo fresco

- 2 o 3 peperoncini tritati

- 1 cucchiaio e ½ di succo di limone

- Sale e pepe q. b

Procedimento:

1. Mischiate gli ingredienti in una ciotola. Formate questa miscela in galette piatte e

circolari. Bagnate delicatamente le gallette con acqua. Ricoprite con le arachidi ogni galette.

2. Preriscaldate la friggitrice per 5 minuti, a 70°C. Mettete le galette nel cestello e cuocete per altri 25 minuti.

3. Girate durante la cottura. Servite con ketchup o chutney.

Valori nutrizionali: Kcal: 105.

21. Samosa di zucchine

Tempo di preparazione: 25 min | Dosi per: 2 persone | Difficoltà: facile

Ingredienti:

Per gli involucri:

- 30 gr di burro

- 225 gr di farina

- Un pizzico di sale

- Aggiungete l'acqua   necessaria   per rendere l'impasto rigido e compatto

Per il ripieno:

- 3 zucchine medie (tritate)

- 30 gr di piselli bolliti

- 1 cucchiaino di zenzero in polvere

- 1 o 2 peperoncini verdi finemente tritati

- ½ cucchiaino di cumino

- 1 cucchiaino di coriandolo tritato

- 1 peperoncino rosso spezzettato

- Sale q. b

- ½ cucchiaino di mango essiccato in polvere

- ½ cucchiaino di peperoncino in polvere

- 1-2 cucchiai di coriandolo

Procedimento:

1. Strofinate l'impasto per renderlo rigido. Lasciate riposare in una ciotola fino a quando il ripieno sarà pronto. Riscaldate gli ingredienti in una pentola e mescolate bene per creare una pasta appiccicosa. Formate l'impasto.

2. Avvolgete l'impasto in palline e appiattitele. Spezzatele a metà e poi applicate il ripieno. Usate l'acqua per aiutarvi a piegare i bordi e creare una forma conica. Preriscaldate la friggitrice a 150°C per circa 5-6 minuti.

3. Mettete le samosa nel cestello. Cuocete per altri 20-25 minuti, a 90°C. A metà cottura capovolgete le samosa.

4. Successivamente friggete per circa 10 minuti a 120°C per dare loro la perfetta tonalità dorata. Servite. I contorni consigliati sono chutney con tamarindo o menta.

Valori nutrizionali: Kcal: 120.

22. Spiedino di verdure

Tempo di preparazione: 25 min | Dosi per: 2 persone | Difficoltà: facile

Ingredienti:

- 500 gr di verdure miste

- 3 cipolle tritate

- 5 peperoncini tritati

- 1 cucchiaio e ½ di concentrato di zenzero

- 1 cucchiaino e ½ di concentrato di aglio

- 1 cucchiaino e ½ di sale

- 3 cucchiai di panna

- 3 uova

- 2 cucchiai e ½ di semi di sesamo bianchi

Procedimento:

1. Tranne le uova, macinate gli ingredienti e create una pasta liscia. Coprite le verdure con il composto.

2. Sbattete le uova e aggiungete il sale. Nel composto di uova, passateci le verdure ricoperte, poi passatele nei semi di sesamo e ricopritele bene. Mettete le verdure su un bastoncino.

3. Preriscaldate la friggitrice per 5 minuti a 70°C. Mettete gli spiedini nel cestello e cuocete per altri 25 minuti. Girateli durante la cottura.

Valori nutrizionali: Kcal: 187.

23. Galette di fagiolo nero

Tempo di preparazione: 45 min | Dosi per: 2 persone | Difficoltà: facile

Ingredienti:

- 500 gr di fagioli neri

- 2 patate medie bollite e schiacciate

- 225 gr di arachidi tritate grossolanamente

- 3 cucchiaini di zenzero tritato

- 1-2 cucchiai di coriandolo fresco tritato

- 2 o 3 peperoncini verdi tritati finemente

- 1 cucchiaio e ½ di succo di limone

- Sale e pepe q. b

Procedimento:

1. Frullate gli ingredienti in una ciotola. Formate questa miscela in galette piatte e circolari. Bagnate delicatamente le gallette con acqua.

2. Preriscaldate la friggitrice per 5 minuti a 70°C. Mettete le galette nel cestello e cuocete per altri 25 minuti.

3. Giratele più volte durante la cottura. Servite con ketchup o chutney alla menta.

Valori nutrizionali: Kcal: 145.

24. Cestini di melanzane ripiene

Tempo di preparazione: 25 min | Dosi per: 2 persone | Difficoltà: facile

Ingredienti:

Per i cestini:

- 6 melanzane

- ½ cucchiaino di sale

- ½ cucchiaino di pepe in polvere

Per il ripieno:

- 1 cipolla media finemente tritata

- 1 peperoncino verde finemente tritato

- 1 cucchiaio e ½ di coriandolo tritato

- 1 cucchiaino di fieno greco

- 1 cucchiaino di mango in polvere essiccato

- 1 cucchiaino di cumino in polvere

- Sale e pepe q. b

Per la guarnizione:

- 3 cucchiai di formaggio grattugiato

- 1 cucchiaino di fiocchi di peperoncino

- ½ cucchiaino di origano

- ½ cucchiaino di basilico

- ½ cucchiaino di prezzemolo

Procedimento:

1. Prendete tutti gli ingredienti per la farcitura e metteteli insieme in una ciotola. Tagliate le melanzane e togliete la buccia.

2. Cospargete un po' di sale e pepe sul peperoncino all'interno. Metteteli da parte. Ora riempite le melanzane con il ripieno preparato ma lasciando una piccola area. Cospargete il formaggio grattugiato, poi applicate anche il condimento.

3. Preriscaldate la friggitrice per 5 minuti a 60°C. Mettete le melanzane nel cestello e cuocete per altri 20 minuti. Giratele per non farle abbrustolire.

Valori nutrizionali: Kcal: 156.

25. Pasta ai funghi

Tempo di preparazione: 25 min | Dosi per: 2 persone | Difficoltà: facile

Ingredienti:

- 100 grammi di pasta

- 1 cucchiaio e ½ di olio d'oliva

- Un pizzico di sale

Per condire la pasta:

- 1 cucchiaio e ½ di olio d'oliva

- Sale e pepe q. b

- ½ cucchiaino di origano

- ½ cucchiaino di basilico

Per la salsa:

- 2 cucchiai di olio d'oliva

- 250 gr di funghi

- 2 cucchiai di farina

- 480 ml di latte

- 1 cucchiaino di origano

- ½ cucchiaino di basilico essiccato

- ½ cucchiaino di prezzemolo

- Sale e pepe q. b

Procedimento:

1. Una volta cotta la pasta, scolate. Mettete la pasta negli ingredienti sopra menzionati e mettete da parte.

2. Mettete gli ingredienti per la salsa in una padella e portate a ebollizione. Continuate a cuocere a fuoco lento per ottenere una salsa più densa. Aggiungete la pasta al sugo e mettetela in una pirofila di vetro guarnita di formaggio.

3. Preriscaldate la friggitrice per 5 minuti a 70°C. Mettete la pirofila nel cestello e cuocete per altri 10 minuti. Mescolate di tanto in tanto.

Valori nutrizionali: Kcal: 175.

26. Samosa di funghi

Tempo di preparazione: 20 min | Dosi per: 2 persone | Difficoltà: facile

Ingredienti:

Per gli involucri:

- 30 gr di burro

- 225 gr di farina

- Un pizzico di sale

- Aggiungete l'acqua necessaria per rendere l'impasto rigido e compatto

Per il ripieno:

- 370 gr di funghi

- 2 cipolle affettate

- 2 peperoni affettati

- 2 carote a fette

- 2 cavoli a fette

- 2 cucchiai di salsa di soia

- 2 cucchiaini di aceto

- 2 cucchiai di peperoncini verdi tritati

- 2 cucchiai di concentrato di aglio e zenzero

- Sale e pepe q. b

Procedimento:

1. Strofinate l'impasto per renderlo rigido e lasciate riposare in una ciotola fino a quando il ripieno non sarà pronto.

2. Riscaldate gli ingredienti in una pentola e mescolate bene per creare una pasta appiccicosa. Date forma all'impasto, avvolgete l'impasto in palline e appiattitele. Spezzatele a metà e poi applicate il ripieno. Usate l'acqua per piegare i bordi e creare una forma conica.

3. Preriscaldate la friggitrice a 150°C per circa 5-6 minuti. Mettete le samosa nel cestello e cuocete per altri 20-25 minuti a 90°C.

4. Girate le samosa durante la cottura. Successivamente friggete per circa 10 minuti a 120°C per dare loro la perfetta tonalità dorata. Servite con salsa chutney di tamarindo o menta.

Valori nutrizionali: Kcal: 85.

27. Burrito di ricotta e funghi

Tempo di preparazione: 25 min | Dosi per: 2 persone | Difficoltà: facile

Ingredienti:

Per i fagioli fritti:

- 90 gr di fagioli rossi (tenuti a mollo tutta la notte)

- ½ cipolla piccolo tritata

- 1 cucchiaio di olio d'oliva

- 2 cucchiai di polpa di pomodoro

- Una punta di peperoncino in polvere

- 1 cucchiaino di sale

- 4-5 tortilla

Ripieno di verdure:

- 60 gr di funghi

- 225 gr di ricotta

- Un pizzico di sale

- ½ cucchiaino di fiocchi di peperoncino

- 1 cucchiaino di pepe in grani

- 250 gr di jalapenos sott'aceto

Insalata:

- 1-2 foglie di lattuga tritate

- 1 o 2 scalogni tritati finemente

- 1 pomodoro, rimuovete i semi e affettatelo finemente

- 1 peperoncino verde tritato

- 230 gr di cheddar grattugiato

Per servire:

- 250 gr di riso (facoltativo)

- Delle tortilla da riempire

Procedimento:

1. Cuocete i fagioli, la cipolla e l'aglio e schiacciateli finemente.

2. Ora, per il burrito, preparate la salsa di cui avrete bisogno. Assicuratevi di preparare una salsa leggermente densa. Cuocete bene gli ingredienti per il ripieno in una padella e assicuratevi che le verdure siano dorate verso l'esterno. Mischiate gli ingredienti per preparare l'insalata.

3. Prendete la tortilla e applicate uno strato di salsa al centro, seguito dai fagioli e dal ripieno. Dovrete mettere l'insalata sopra il ripieno prima di stenderlo.

4. Preriscaldate la friggitrice a 90°C per circa 5 minuti. Mettete i burrito nel cestello e cuocete per altri 15 minuti a 90°C.

Valori nutrizionali: Kcal: 220.

Capitolo 4. Maiale, manzo e agnello

28. Costolette succose semplici

Tempo di preparazione: 20 min | Dosi per: 2 persone | Difficoltà: media

Ingredienti:

- 1 cucchiaino di peperoncino in polvere

- ½ cucchiaino di aglio in polevere

- ½ cucchiaino di cumino

- Una punta di pepe

- Un pizzico di origano

- 2 (60 gr) costolette di maiale disossate

- 30 gr di burro, a fette

Procedimento:

1. Mescolate in una ciotola il peperoncino in polvere, l'aglio in polvere, il cumino, l'origano e il peperoncino. Strofinate il tutto sulla carne di maiale. Mettete il tutto nel cestello della friggitrice.

2. Impostate la temperatura a 200°C e il timer a 15 minuti.

3. La temperatura interna dovrebbe essere almeno di 60°C una volta pronto. Servite caldo con 1 cucchiaio di burro sopra.

Valori nutrizionali: Kcal: 342, Grassi: 4g, Proteine: 2g.

29. Bistecca rib eye scottata

Tempo di preparazione: 50 min | Dosi per: 2 persone | Difficoltà: media

Ingredienti:

- 1 bistecca rib eye (230 gr)

- ½ cucchiaino di sale rosa dell'himalaya

- Una punta di pepe in polvere

- 450 ml di olio di cocco

- 15 gr di burro morbido

- 40 gr di aglio in polvere

- ½ cucchiaino di prezzemolo

- Un pizzico di origano

Procedimento:

1. Spennellate la bistecca con pepe in grani e sale. Mettetela nel cestello della friggitrice.

2. Impostate la temperatura a 120°C e il timer a 45 minuti.

3. Controllate la cottura dopo che il timer ha emesso un segnale acustico e aggiungete un paio di minuti.

4. Mettete l'olio di cocco in una padella a fuoco medio. Quando l'olio è caldo, controllate rapidamente i lati della bistecca che siano marroni fino a quando non è croccante. Togliete dal fuoco e lasciate riposare.

5. In una ciotola, montate il burro con l'aglio in polvere, l'origano e il prezzemolo.

6. Tagliate la bistecca e servitela con della salsa alle erbe.

Valori nutrizionali: Kcal: 332, Grassi: 2g, Proteine: 5g.

30. Hamburger in stile pub

Tempo di preparazione: 20 min | Dosi per: 4 persone | Difficoltà: media

Ingredienti:

- 450 gr di controfiletto macinato

- 1/2 cucchiaino di sale

- Un pizzico di pepe

- 30 gr di burro morbido

- 115 gr di maionese

- 2 cucchiaini di sriracha

- Un pizzico di aglio essiccato

- 8 foglie di lattuga

- 4 anelli di cipolla con pancetta

- 8 cetriolini affettati

Procedimento:

1. Mescolate il controfiletto macinato, il sale e il pepe in una ciotola media e formate quattro hamburger. Spennellate ciascuno di essi con il burro e poi metteteli nel cestello della friggitrice.

2. Impostate la temperatura a 190°C e il timer a 10 minuti.

3. Girateli durante la cottura e aggiungete altri 3–5 minuti in più.

4. Unite la maionese, la sriracha e l'aglio in polvere in un piatto fondo e metteteli da parte.

5. Mettete ogni hamburger cotto su una foglia di lattuga e guarnite con un anello di cipolla e due sottaceti ciascuno e la salsa per hamburger artigianale. Coprite con una foglia di lattuga. Servite caldo.

Valori nutrizionali: Kcal: 432, Grassi: 4g, Proteine: 3g.

31. Rusticini di würstel

Tempo di preparazione: 17 min | Dosi per: 2 persone | Difficoltà: facile

Ingredienti:

- 50 gr di formaggio e mozzarella affettati

- 2 cucchiai di farina di mandorle leggermente saltata

- 30 gr di formaggio

- 2 würstel grandi

- 1/2 cucchiaio di semi di sesamo

Procedimento:

1. Mischiate la mozzarella, la farina di mandorle e la crema di formaggio in una grande ciotola per microonde. Azionate per 45 secondi fino a renderli morbidi e mescolate.

2. Formate dei rettangoli da 10x12 cm, metteteci dentro i würstel (divisi) e richiudete. Cospargete di semi di sesamo sull'angolo

3. Mettete ciascun rusticino in friggitrice.

4. Impostate la temperatura a 200°C e il timer a 7 minuti.

5. A cottura ultimata, l'esterno sarà dorato. Servite immediatamente.

Valori nutrizionali: Kcal: 442, Grassi: 3g, Proteine: 5g.

32. Manzo e broccoli croccanti saltati in padella

Tempo di preparazione: 1 h e 20 min | Dosi per: 2 persone | Difficoltà: media

Ingredienti:

- 230 gr di controfiletto, affettato finemente

- 2 cucchiai di salsa di soia

- Una punta di zenzero grattugiato

- Una punta di aglio tritato

- 1 cucchiaio di olio di cocco

- 140 gr di broccoli

- Un pizzico di peperoncino schiacciato

- Un pizzico di xantano

- 1/2 cucchiaino di semi di sesamo

Procedimento:

1. Mettete la carne in una ciotola capiente o in una busta per la marinatura e aggiungete la salsa di soia, lo zenzero, l'aglio e l'olio di cocco. Lasciate marinare per 1 ora in frigo.

2. Togliete la carne dalla marinata, conservatela e mettete la carne nel cestello della friggitrice.

3. Impostate la temperatura a 160°C e il timer a 20 minuti.

4. Aggiungete i broccoli dopo 10 minuti e cospargete con il peperoncino. Friggete e agitate durante la cottura.

5. A fuoco medio, versate la marinata in una padella. Portate ad ebollizione e diminuite per cuocere a fuoco lento. Aggiungete lo xantano e lasciate che si addensi.

6. Quando il timer della friggitrice suona, è pronto. Cospargete con semi di sesamo e servite subito.

Valori nutrizionali: Kcal: 323, Grassi: 4g, Proteine: 6g.

33. Filetto di manzo in crosta di pepe

Tempo di preparazione: 35 min | Dosi per: 6 persone | Difficoltà: media

Ingredienti:

- 30 gr di burro morbido

- 2 cucchiaini di aglio tritato

- 3 cucchiai di olio

- 4 cucchiaini di pepe in grani

- 1 filetto di manzo (900 gr)

Procedimento:

1. Mischiate il burro e l'aglio in una ciotola. Strofinatelo sul filetto di manzo.

2. Mettete il pepe in un piatto e arrotolate il filetto, formando una crosta. Mettete il filetto nel cestello della friggitrice.

3. Impostate la temperatura a 200°C e il timer a 25 minuti.

4. Girate il filetto a metà cottura.

5. Riposate la carne per 10 minuti prima di tagliarla.

Valori nutrizionali: Kcal: 245, Grassi: 3g, Proteine: 4g.

Capitolo 5. Pesce e frutti di mare

34. Coda di aragosta

Tempo di preparazione: 27 min | Dosi per: 2 persone | Difficoltà: media

Ingredienti:

- 2 code di aragosta (170 gr)

- 30 gr di burro fuso

- 1/2 cucchiaino di Old Bay

- Succo di ½ limone

- 1 cucchiaino di prezzemolo essiccato

Procedimento:

1. Mettete le due code d'aragosta tagliate a metà su un foglio di alluminio con il miele, cospargete con Old Bay e succo di limone.

2. Sigillate i pacchetti con un foglio, coprendo completamente e metteteli nel vassoio della friggitrice.

3. Impostate la temperatura a 190°C e il timer a 12 minuti.

4. Spolverate col prezzemolo e servite immediatamente.

Valori nutrizionali: Kcal: 234, Grassi: 7g, Proteine: 5g.

35. Sformato di tonno e zoodle (noodle di zucchini)

Tempo di preparazione: 30 min | Dosi per: 4 persone | Difficoltà: media

Ingredienti:

- 30 gr di burro salato

- 13 gr di cipolla bianca

- 30 gr di funghi champignon

- 2 gambi di sedano, tritati finemente

- 120 ml di panna

- 300 ml di brodo vegetale

- 2 cucchiai di maionese

- 1 cucchiaino di xantano

- 1/2 cucchiaino di fiocchi di peperoncino

- 2 zucchine medie, tagliate a spirale

- 2 lattine di tonno bianco (140 gr)

- 40 gr di cotiche di maiale, finemente tritate

Procedimento:

1. Sciogliete il burro a fuoco medio in una grande pentola. Aggiungete la cipolla, i funghi e il sedano e rosolate per 3-5 minuti.

2. Aggiungete la panna, il brodo vegetale, la maionese e lo xantano. Abbassate il fuoco e continuate la cottura per altri 3 minuti prima che il composto inizi ad addensarsi.

3. Aggiungete i fiocchi di peperoncino, le zucchine e il tonno. Spegnete il fuoco e mescolate fino a quando non sarà tutto ricoperto.

4. Mettete il tutto in una pirofila. Coprite con le cotiche di maiale e ricoprite la parte superiore del vassoio con olio. Mettete tutto nel cestello della friggitrice.

5. Impostate a 190°C per 15 minuti.

6. Servite e gustate.

Valori nutrizionali: Kcal: 239, Grassi: 11g, Proteine: 12g.

36. Insalata di bocconcini di tonno

Tempo di preparazione: 18 min | Dosi per: 3 persone | Difficoltà: facile

Ingredienti:

- 1 lattina di tonno (280 gr)

- 60 gr di maionese

- 1 gambo di sedano tritato

- 1 avocado, affettato, snocciolato e schiacciato

- 50 gr di farina di mandorle

- 2 cucchiaini di olio di cocco

Procedimento:

1. Unite il tonno, la maionese, il sedano in una ciotola grande, mescolate l'avocado schiacciato. Formate la miscela in palline.

2. Passate le palline nell'olio di cocco e poi nella farina di mandorle. Posizionare le palline nel cestello della friggitrice.

3. Impostate la temperatura a 200° C e il timer a 7 minuti.

4. Girateli dopo 5 minuti. Servite caldo.

Valori nutrizionali: Kcal: 330, Grassi: 11g, Proteine: 12g.

37. Taco di pesce con peperoncini jalapeño

Tempo di preparazione: 10 min | Dosi per: 2 persone | Difficoltà: media

Ingredienti:

- 40 gr di cavolo, a fettine

- Una punta di panna acida

- 2 cucchiai di maionese

- 40 gr di jalapeño sott'aceto

- 2 filetti di merluzzo (90 gr)

- 1 cucchiaio di peperoncino in polvere

- 1 cucchiaino di cumino

- 1/2 cucchiaino di paprika

- 40 gr di aglio in polvere

- 1 avocado, sbucciato e sminuzzato

- 1/2 lime

Procedimento:

1. Mettete il cavolo in una ciotola grande, la panna acida, la maionese e i jalapeño. Mescolate fino a quando saranno completamente ricoperti. Teneteli in frigo per 20 minuti.

2. Cospargete i filetti di merluzzo con il cumino, la paprika, il peperoncino in polvere e l'aglio in polvere. Mettete ogni filetto nel cestello della friggitrice.

3. Impostate la temperature a 190°C e il timer a 10 minuti.

4. Girate i filetti a metà cottura. Il pesce dovrebbe avere una temperatura interna di 60°C, quando è cotto.

5. Distribuite nei piatti e guarnite con l'avocado e succo di lime..

Valori nutrizionali: Kcal: 334, Grassi: 11g, Proteine: 12g.

38. Salsa di granchio piccante

Tempo di preparazione: 20 min | Dosi per: 4 persone | Difficoltà: facile

Ingredienti:

- 230 gr di crema di formaggio

- 60 gr di maionese

- 60 gr di panna acida

- 1 cucchiaio di succo di limone

- 1/2 cucchiaino di salsa piccante

- 40 gr di jalapeño sott'aceto

- 15 gr di cipollotto affettato

- 2 lattine di polpa di granchio (170 gr)

- 120 gr di cheddar a listerelle

Procedimento:

1. Aggiungete tutti gli ingredienti in una ciotola adatta al forno e mescolate fino a completa omogeneità. Posizionate la ciotola nella friggitrice.

2. Impostate la temperatura a 200°C e il timer a 8 minuti.

3. Una volta pronto, la salsa farà le bolle. Servite e gustate!

Valori nutrizionali: Kcal: 441, Grassi: 13g, Proteine: 14g.

Capitolo 6. Pollame

39. Pollo al formaggio

Tempo di preparazione: 35 min | Dosi per: 4 persone | Difficoltà: facile

Ingredienti:

- 2 petti di pollo disossati e senza pelle (170 gr)

- 80 gr di aglio in polvere

- Una punta di origano

- 1/2 cucchiaino di prezzemolo

- 4 cucchiaini di maionese

- 30 gr di mozzarella affettata

- 30 gr di scorze di pancetta

- 45 gr di parmigiano grattugiato

- 220 gr di salsa

Procedimento:

1. Affettate ogni petto di pollo a metà e cospargetelo con l'aglio, prezzemolo e origano.

2. Spargete 1 cucchiaio di maionese su ogni fetta di pollo, poi mettete la mozzarella.

3. Unite le cotiche schiacciate in una ciotola e il parmigiano. Versateci sopra la salsa.

4. Versate la salsa in una casseruola e aggiungete il pollo. Mettete il tutto nel cestello della friggitrice. Impostate la temperatura a 160°C e il timer a 25 minuti.

5. Il formaggio dovrebbe essere rosolato e la temperatura interna del pollo dovrebbe essere di almeno 70°C, quando è pronto. Servite caldo.

Valori nutrizionali: Kcal: 156, Grassi: 2g, Proteine: 3g.

40. Cordon bleu di pollo

Tempo di preparazione: 30 min | Dosi per: 4 persone | Difficoltà: facile

Ingredienti:

- 280 gr di cosce di pollo a cubetti

- 200 gr di prosciutto a cubetti e cotto

- 60 gr di formaggio svizzero a cubetti

- 110 gr di crema di formaggio

- 1 cucchiaio di panna

- 30 gr di burro fuso

- 2 cucchiaini di senape di Digione

- 30 gr di cotiche di maiale tritate

Procedimento:

1. Mettete il pollo e il prosciutto in una pentola e mescolate in modo che la carne si amalgami.

2. Mischiate la crema di formaggio, la panna, in una grande ciotola, il burro e la senape, poi versate sopra il composto. Mettete il pollo e il formaggio svizzero, finite con le cotiche di maiale e mettete tutto in friggitrice.

3. Impostate la temperatura a 180°C e il timer a 15 minuti.

4. Servite tiepido.

Valori nutrizionali: Kcal: 404, Grassi: 6g, Proteine: 5g.

41. Pollo hasselback con jalapeño

Tempo di preparazione: 40 min | Dosi per: 4 persone | Difficoltà: media

Ingredienti:

- 4 fette di pancetta a dadini, fritta e sbriciolata

- 60 gr di crema di formaggio

- 120 gr di cheddar a listarelle

- 30 gr di jalapeño marinati

- 2 petti di pollo disossati e senza pelle (170 gr)

Procedimento:

1. Mettete la pancetta cotta in una ciotola, incorporatela alla crema di formaggio, metà del formaggio cheddar e jalapeño a fette.

2. Usate un coltello affilato per tagliare il petto di pollo in lunghezza. Probabilmente verranno 6-8 fettine.

3. Mettete il composto di crema di formaggio nel pollo. Cospargete il formaggio grattugiato avanzato sui petti di pollo e mettete il tutto nel cestello della friggitrice.

4. Impostate la temperatura a 180°C e il timer a 20 minuti.

5. Servite caldo.

Valori nutrizionali: Kcal: 502, Grassi: 6g, Proteine: 5g.

42. Enchilada di pollo

Tempo di preparazione: 30 min | Dosi per: 4 persone | Difficoltà: media

Ingredienti:

- 280 gr di pollo grigliato

- ½ cucchiaino di salsa enchilada

- Mezzo pollo a fette medie

- 230 gr di cheddar a listarelle

- 110 gr di formaggio Monterey sciolto

- 120 gr di panna acida

- 1 grande avocado sbucciato, snocciolato e affettato

Procedimento:

1. Unite il pollo grigliato e sminuzzato e la salsa a base di enchilada. Distribuite fette di pollo a versateci sopra il composto di prima frullato.

2. Distribuite su ogni rotolo 2 cucchiai di formaggio cheddar; chiudete dolcemente e arrotolate.

3. Posizionate ogni rotolo in una pirofila. Versate la salsa di formaggio Monterey sui rotoli. Mettete il tutto nel cestello della friggitrice.

4. Impostate la temperature a 190°C e il timer a 10 minuti.

5. Le enchiladas sono dorate in cima una volta cotte. Servite caldo con panna acida e tagliate a fette.

Valori nutrizionali: Kcal: 402, Grassi: 4g, Proteine: 3g.

43. Pizza di pollo

Tempo di preparazione: 35 min | Dosi per: 4 persone | Difficoltà: media

Ingredienti:

- 450 gr di cosce di pollo

- 30 gr di parmigiano grattugiato

- 60 gr di mozzarella a listarelle

Procedimento:

1. Mettete tutti gli ingredienti in una ciotola capiente. Mettete da parte e separate in 4 parti.

2. Ritagliate quattro cerchi di carta da forno e spingete ogni sezione della combinazione di pollo su uno dei cerchi. Posizionate il tutto nel cestello della friggitrice, lavorate a scaglioni se necessario.

3. Impostate la temperatura a 190°C e il timer a 25 minuti.

4. Girate a metà cottura.

5. Una volta completamente cotto, potete usare il formaggio per guarnire, oppure potete conservare la pizza in frigorifero o congelatore e completare quando state per mangiare.

Valori nutrizionali: Kcal: 303, Grassi: 3g, Proteine: 6g.

44. Cosce di pollo cajun

Tempo di preparazione: 2 h e 20 min | Dosi per: 2 persone | Difficoltà: difficile

Ingredienti:

- 2 cucchiai di paprika

- 1 cucchiaio di peperoncino in polvere

- 1/2 cucchiaino di aglio in polvere

- 1/2 cucchiaino di timo essiccato

- Una punta di cipolla in polvere

- Un pizzico di pepe di caienna

- 2 cucchiai di olio di cocco

- 450 gr di bocconcini di pollo

- 60 gr di condimento ranch

Procedimento:

1. Mischiate tutte le spezie in un piatto.

2. Versate l'olio sui bocconcini e poi copriteli delicatamente con le spezie. Mettete il tutto nel cestello della friggitrice.

3. Impostate la temperatura a 190°C e il timer a 17 minuti.

4. Una volta pronte, il pollo dovrebbe avere una temperatura interna di 70°C. Servite con condimento ranch.

Valori nutrizionali: Kcal: 103, Grassi: 2g, Proteine: 4g.

Capitolo 7. Dessert

45. Bomboloni al latte

Tempo di preparazione: 14 min | Dosi per: 2 persone | Difficoltà: facile

Ingredienti:

- 4 uova

- 1 cucchiaino di lievito in polvere

- 200/250 gr di latte condensato

- 500 ml di olio vegetale

- 650-700 gr di farina

Procedimento:

1. Impastate la pasta con tutti gli ingredienti.

2. Formate le palline.

3. Riscaldate la friggitrice e friggete. Girate durante la cottura.

Valori nutrizionali: Kcal: 156, Grassi: 1g, Proteine: 0.4g.

46. Ciliegie imbottite

Tempo di preparazione: 19 min | Dosi per: 2 persone | Difficoltà: media

Ingredienti:

- preparato

- 1 uovo

- 300 gr di farina

- Sale e zucchero

- Meno di metà bicchiere d'acqua

Ripieno:

- 1 bicchiere di ciliegie congelate o fresche

- 3-4 cucchiai di zucchero

- 1 cucchiaino e ½ di fecola

- Olio vegetale

Procedimento:

1. Impastate il preparato, avvolgetelo in una pellicola e lasciate riposare per 30 minuti.

2. Mescolate lo zucchero e la fecola con le ciliegie.

3. Stendete la pasta in uno strato sottile (circa 3 mm), tagliate a quadrati o una forma che preferite. Adagiate alcune ciliegie sopra. Mettete il secondo quadrato e coprite i bordi.

4. Metteteli in friggitrice e cuocete. Non appena la crosta è diventata rossastra, allora sono pronti.

Valori nutrizionali: Kcal: 200, Grassi: 1g, Proteine: 2g.

47. Cookies al burro d'arachidi

Tempo di preparazione: 13 min | Dosi per: 8 persone | Difficoltà: facile

Ingredienti:

- 240 gr di burro d'arachidi

- 65 gr di eritritolo granulato

- 1 uovo grande

- 1 cucchiaino di estratto di vaniglia

Procedimento:

1. Unite tutti gli ingredienti in una ciotola fino a che l'impasto diventa liscio. Mischiate per altri 2 minuti fino a quando la miscela inizia ad addensarsi.

2. Stendete il composto in otto palline e premete delicatamente per appiattirlo in dischi circolari da 3 cm.

3. Tagliate la carta da forno per stenderla nel cestello della friggitrice. Mettete i biscotti sulla carta.

4. Impostate la temperatura a 160°C per 8 minuti. Dopo 6 minuti, girate i biscotti. Servite e gustate!

Valori nutrizionali: Kcal: 222, Grassi: 2g, Proteine: 3g.

48. Bigné con crema alla cannella

Tempo di preparazione: 24 min | Dosi per: 8 persone | Difficoltà: media

Ingredienti:

- 8 bigné

- 50 gr di farina di mandorle

- 2 cucchiai e ½ di vaniglia in polvere

- 100 gr di eritritolo granulato

- 1/2 cucchiaino di lievito in polvere

- 1 uovo grande

- 75 gr di burro fuso

- 60 gr di crema di formaggio

- 45 gr di eritritolo in polvere

- Una punta di cannella

- 480 ml di panna da montare

- 1/2 cucchiaino di estratto di vaniglia

Procedimento:

1. Mescolate la farina di mandorle, l'eritritolo granulato e in polvere, in un piatto grande, il lievito, l'uovo e il burro fino a ottenere un impasto morbido.

2. Riponete l'impasto per 20 minuti in frigo. Poi rotolate l'impasto in otto palline.

3. Tagliate un pezzo di carta da forno adatto al cestello della friggitrice e poggiate le palline sopra.

4. Impostate la temperatura a 190°C e il timer a 6 minuti.

5. Girate i bigné di crema a metà cottura.

6. Una volta cotti, lasciate riposare.

7. Sbattete la crema di formaggio in una ciotola, l'eritritolo in polvere, la panna, la cannella e la vaniglia fino a renderli morbidi.

8. Mettete il composto in una sac à poche. Riempite ciascun bignè e guarnite con panna.

Valori nutrizionali: Kcal: 112, Grassi: 2g, Proteine: 3g.

49. More croccanti

Tempo di preparazione: 15 min | Dosi per: 4 persone | Difficoltà: facile

Ingredienti:

- 290 gr di more

- 65 gr di eritritolo in polvere

- 2 cucchiai di succo di limone

- Una punta di gomma di xantano

- 150 gr di granola

Procedimento:

1. Mischiate le more, l'eritritolo, il succo di limone e la gomma di xantano in un'ampia ciotola.

2. Versate in una pirofila e coprite con un foglio di stagnola. Mettete il tutto nel cestello della friggitrice.

3. Impostate la temperatura a 180°C e il timer a 12 minuti.

4. Togliete la stagnola e mescolate mentre il timer suona.

5. Spolverate con la granola e servite.

Valori nutrizionali: Kcal: 453, Grassi: 3g, Proteine: 6g.

50. Ciambelle

Tempo di preparazione: 31 min | Dosi per: 6 persone | Difficoltà: facile

Ingredienti:

- 300 gr di farina

- 50 gr di farina di mandorle

- 8 cucchiai di vaniglia in polvere

- 100 gr di eritritolo granulato

- 1/2 cucchiaino di lievito in polvere

- 1 uovo grande

- 75 gr di burro fuso

- 1/2 cucchiaino di estratto di vaniglia

Procedimento:

1. In una grande ciotola, unite tutti gli ingredienti. Mettete per 20 minuti nel congelatore.

2. Inumidite le mani e formate l'impasto. Fate una dozzina di palline.

3. Tagliate la carta da forno in modo che si adatti al vassoio della friggitrice. Metteteci sopra le ciambelle e mettete in friggitrice.

4. Impostate la temperatura a 190°C e il timer a 6 minuti.

5. A metà cottura, girate le ciambelle.

6. Prima di servire, lasciate raffreddare. Rimettete in friggitrice a 160°C per altri 3 minuti o finché non diventano dorate.

7. Servite e gustate.

Valori nutrizionali: Kcal: 453, Grassi: 3g, Proteine: 6g.

Conclusione

La prima domanda che dovremmo porci prima di investire in qualsiasi apparecchio è se sarà davvero utile. Lo userò? Ne ho bisogno? Le cucine stanno diventando sempre più limitate nello spazio, ed è necessario saper scegliere bene ciò che andrà ad occupare spazio al suo interno.

Se non abbiamo tempo per cucinare o se vorremmo consumare cibi fritti più sani senza il fastidio di friggere, può essere un buon investimento.

Questi elettrodomestici, soprattutto quelli multifunzione, possono farci risparmiare altri gadget come la piastra, il disidratatore o il microonde. Inoltre, poiché funzionano quasi sempre con programmi automatici e includono ricettari, in formato cartaceo o virtuale possono essere un vero toccasana per i principianti o per chi non ha tempo da perdere in cucina.

Le famiglie indaffarate con bambini spesso fanno buon uso di queste friggitrici, poiché è una risorsa molto semplice per preparare grandi quantità di patatine fritte, ali di pollo, empanada o crocchette, senza gli odori e i rischi della frittura.

CPSIA information can be obtained
at www.ICGtesting.com
Printed in the USA
LVHW021737250421
685459LV00001B/247